Մաթիաս Ֆիդլեր

Ինովացիոն բրոքերության գաղափարը. Անշարժ գույքի գործակալի (բրոքերի) աշխատանքի հեշտացում

Բրոքերություն. բրոքերության արդյունավետ, պարզ և պրոֆեսիոնալ մոտեցում՝ ինովացիոն բրոքերական պորտալի միջոցով

Կոնտակտային տվյալներ

1. Տպագիր գրքի հրատարակչություն | Փետրվար 2017
(Բնօրինակը հրատարակվել է գերմաներեն լեզվով՝ 2016 թ. դեկտեմբերին)

Մաթիաս Ֆիդլեր
Գերմանիան
41352 Քորշենբրոյխ
Էրիկա ֆոն Բրոքդորֆ փողոց, 19 շենք
www.matthiasfiedler.net

Պատրաստել և տպագրել է՝
Տե'ս վերջին էջում

Կազմի դիզայնը՝ Մաթիաս Ֆիդլերի
Գրքի էլեկտրոնային տարբերակի կազմումը՝ Մաթիաս Ֆիդլերի

ISBN-13 (Կազմ). 978-3-947184-79-8
ISBN-13 (էլեկտրոնային գրքի կազմում). 978-3-947128-91-4
ISBN-13 (էլեկտրոնային գրքի հրապարակում). 978-3-947128-92-1

ԲՈՎԱՆԴԱԿՈՒԹՅՈՒՆ

Այս գրքում նկարագրվում է գլոբալ բրոքերական պորտալի հեղափոխական գաղափարախոսությունը (ծրագիր), վաճառքից ստացված շոշափելի եկամտի հաշվարկները (մլրդ եվրո), որը ներառում է անշարժ գույքի գործակալների ապահովագրական ծրագիրը և գույքի գնահատումը (տրիլիոն եվրոյի չափով վաճառքի պոտենցիալ):

Սա թույլ է տալիս արդյունավետ խնայել ժամանակը՝ բնակելի կամ կոմերցիոն տարծքների վարձակալման կամ ձեռք բերման գործում: Դա է ինովացիոն և պրոֆեսիոնալ մակարդակով անշարժ գույքի ոլորտում բոլոր բրոքերների և այցելուների ապագան: Բրոքերությունը գործում է գրեթե յուրաքանչյուր երկրում, անգամ՝ հեռավոր խուլ երկրներում:

Անշարժ գույքի գնորդ կամ վարձակալ «փնտրելու» փոխարեն, բրոքերական պորտալում գրանցվում են անշարժ գույքով հետաքրքրվող հաճախորդներ (հետադարձ կապի համար լրացնել որոնողական տվյալներով պրոֆիլը) և որոնումից ու համեմատումից հետո կապվում ընտրած անշարժ գույքի գործակալի հետ:

ԲՈՎԱՆԴԱԿՈՒԹՅՈՒՆԸ

ՆԱԽԱԲԱՆ

2011թ. ես աշխատում էի այստեղ նկարագրված անշարժ գույքի գործակալի ինովացիոն գաղափարի շուրջ, որը և հետագայում զարգացեցի:

1998 թվականից սկսած ես զբաղվել եմ անշարժ գույքի բիզնեսով (այդ թվում՝ բրոքերական ծառայություններ, անշարժ գույքի առք, վաճառք, գնահատում, լիզինգ և հողատարածքի ընդլայնում): Ես անշարժ գույքի պրոֆեսիոնալների (IHK) թվում եմ, ունեմ անշարժ գույքի տնտեսագետի դիպլոմ (ADI), անշարժ գույքի գնահատման փորձագետ եմ (DEKRA) և միջազգային ճանաչում ստացած Անշարժ Գույքի Գործակալության Թագավորական Ինստիտուտի միավորման գնահատողների անդամ եմ (MRICS):

Մաթիաս Ֆիդլեր

Քորշենբրոյխ, 31/10/2016

www.matthiasfiedler.net

1. Ինովացիոն բրոքերության գաղափարը. Անշարժ գույքի գործակալի (բրոքերի) աշխատանքի հեշտացում

Բրոքերություն. բրոքերության արդյունավետ, պարզ և պրոֆեսիոնալ մոտեցումը՝ ինովացիոն բրոքերական պորտալի միջոցով:

Անշարժ գույքի գնորդ կամ վարձակալ «փնտրելու» փոխարեն, բրոքերական պորտալում գրանցվում են (ծրագիր) անշարժ գույքով հետաքրքրվող անձինք (հետադարձ կապի համար լրացնել որոնողական տվյալներով պրոֆիլը) և որոնումից ու համեմատումից հետո կապվում ընտրած անշարժ գույքի գործակալի հետ:

2. Անշարժ գույքով հետաքրքրվողի և գործակալի նպատակները

Անշարժ գույք վաճառողի կամ տանտիրոջ տեսանկյունից կարևորը իր սեփականության արագ և բարձր գնարժեքով վաճառքը կամ վարձով հանձնելն է:

Գնորդի և վարձակալի տեսանկյունից կարևորն իր հարմար սեփականություն գտնելն է, որն արագ ու հեշտությամբ կկարողանա գնել կամ վարձակալել:

3. Որոնման ընթացակարգը նախկինում

Որպես կանոն, իրենց հարմար տարածքում անշարժ գույքով հետաքրքրվողները գտնվում են առցանց՝ բրոքերական պորտալում: Այդտեղ, եթե նրանք ունեն հետադարձ կապի համար լրացված որոնողական տվյալներով պրոֆիլը, նրանք կարող են էլեկտրոնային փոստի միջոցով բրոքերին ուղարկել անշարժ գույքի ցուցակը՝ համապատասխան հղումներով,: Հաճախ դա կատարվում է 2-3 բրոքերական պորտալներում: Որից հետո վաճառողը, սովորաբար, գնորդի հետ կապվում է էլեկտրոնային փոստով: Այսպիսով, վաճառողը հնարավորություն և թույլտվություն է ստանում կապ հաստատել պոտենցիալ գնորդի հետ:

Բացի այդ, շահագրգիռ հաճախորդները լրացուցիչ հնարավորություն ունեն իրենց տարածքում կապվել անշարժ գույքի գործակալի հետ և ապագայում պահել նրանց կոնտակտային տվյալները:

Անշարժ գույքի պորտալներում վաճառողները ներառված են մասնավոր և կոոպերատիվ մատակարարների բաժնում: Կոմերցիոն կազմակերպությունները հիմնականում անշարժ գույքի բրոքերներն են, մասամբ՝ կապալառուները, անշարժ գույքի առք ու վաճառքով հետաքրքրված ընկերությունները (տեքստում կոմերցիոն կազմակերպությունների անվան տակ նշված են անշարժ գույքի գործակալները):

4 Մասնավոր վաճառքի թերությունները / Անշարժ գույքի գործակալների առավելությունները

Մասնավոր վաճառողների միջնորդությամբ անշարժ գույք ձեռք բերելիս միշտ չէ, որ արագ վաճառքը երաշխավորված է: Օրինակ՝ սեփականության ժառանգումից հետո ժառանգը կարող է չունենա համապատասխան փաստաթղթեր կամ կարող է անհայտ կորած լինել: Ավելին, կարող են չլուծված իրավական հարցեր լինել, ինչպես օրինակ՝ «Բնակարանային իրավունքին» վերաբերող հիմնահարցերը կարող են բարդացնել վաճառքի գործընթացը:

Վարձակալության ժամանակ կարող է այնպես պատահել, որ մասնավոր վարձակալողը փաստացի թույլտվություն չստանա տնօրինել տարածքը, օրինակ, եթե կոմերցիոն օբյեկտը (տարածքը) պետք է վարձակալվեր որպես բնակարան:

Եթե այդ գործով զբաղվում է անշարժ գույքի գործակալը, նա որպես կանոն, տեղեկացնում է

12

վերը նշված կետերի մասին: Ավելին, հաճախ գործակալն իր մոտ ունենում է բոլոր անհրաժեշտ գույքային փաստաթղթերը (հատակագիծը, տեղանքի քարտեզը, էներգաարդյունավետության հավաստագիրը, հողատարածքի կադաստրային փաստաթղթերը, նորմատիվ փաստաթղթերը և այլն): Այսպիսով, վաճառքը կամ վարձույթը հնարավոր է իրականացվի արագ և առանց բարդությունների:

5. Անշարժ գույքի համաձայնեցում

Որպեսզի վաճառողի և գնորդի, կամ վարձակալողի ու տանտիրոջ միջև արագ և արդյունավետ համաձայնության հասնենք, ընդհանուր առմամբ, շատ կարևոր է ցուցաբերել համակարգված և պրոֆեսիոնալ մոտեցում:
Դա տեղի է ունենում գործողությունների ծրագրված հաջորդականության դեպքում: Օրինակ՝ անշարժ գույքի գործակալների և պոտենցիալ հաճախորդների որոնման և հայնաբերման գործընթացը: Այսինքն, անշարժ գույքի գնորդ կամ վարձակալ «փնտրելու» փոխարեն, բրոքերական պորտալում գրանցվում են (ծրագիր) անշարժ գույքով հետաքրքրվող անձինք (հետադարձ կապի համար լրացնել որոնողական տվյալներով պրոֆիլը) և որոնումից ու համեմատումից հետո կապվում ընտրած անշարժ գույքի գործակալի հետ:

Առաջին հերթին, շահագրգիռ կողմերը պետք է գրանցվեն բրոքերական պորտալում և հատուկ որոնողական տվյալներով պրոֆիլ ստեղծեն: Այդ

որոնողական տվյալներով պրոֆիլը ներառում է
մոտ 20 կետ: Ամեն դեպքում, որոնողական
տվյալներով պրոֆիլում պետք է նշված լինեն
հետևյալ կետերը (ամբողջական ցանկ):

- Տարածաշրջան / Փոստային ինդեքս / Վայր
- Անշարժ գույքի տեսակը
- Հողամասի չափը
- Բնակելի տարածքը
- Առքի / Վարձակալման գինը
- Կառուցման տարեթիվը
- Հարկը
- Սենյակների քանակը
- Տրվում է վարձով (այո / ոչ)
- Նկուղ (այո / ոչ)
- Պատշգամբ / կտուր (այո / ոչ)
- Ջեռուցման տեսակը
- Ավտոկայանատեղի (այո / ոչ)

Ամեն դեպքում, կարևոր է վերը նշված կետերի
դաշտերը դատարկ չթողնելը, որովհետև ցանկի

միջից ընտրելով կամ բացելով համապատասխան դաշտը (օրինակ՝ «Անշարժ գույքի տեսակը» կետը) կարելի է ընտրել հնարավորությունները / տարբերակները (օրինակ. Անշարժ գույքի տեսակում՝ բնակարան, տուն, պահեստ, գրասենյակ ...):

Շահագրգիռ կողմերը կարող են հավելյալ ստեղծել այլ որոնողական տվյալներով պրոֆիլներ: Պրոֆիլում փոփոխություն կատարելը ևս հնարավոր է:

Բացի այդ, ակտիվ հաճախորդները լրացուցիչ հնարավորություն ունեն ամբողջական կոնտակտային տվյալները մուտքագրել թույլատրված դաշտերում: Դրանք են՝ անունը, ազգանունը, փողոցը, տան համարը, փոստային կոդը, քաղաքը, հեռախոսահամարը և էլ. հասցեն:
Այդ ամենից հետո, շահագրգիռ կողմերը շփման փոխհամաձայնություն են ստանում և բրոքերի

կայքից ընտրված անշարժ գույքին վերաբերող նյութերով (պատկերներ) փոխանակվում:

Բացի այդ, ակտիվ հաճախորդները կարող են համապատասխան պայմանագիր կնքել անշարժ գույքի պորտալի օգտատիրոջ հետ:

Իսկ հաջորդ քայլը որոնողական տվյալներով պրոֆիլների ծրագրավորման ինտերֆեյսի հասանելի դարձնելն ու (API - կիրառական ծրագրավորման ինտերֆեյս) համադրելն է, ինչպես օրինակ` Գերմանիայում կիրառվող «openimmo» ծրագրավորման ինտերֆեյսը , որի միջոցով կարելի է մատչելի ու հասանելի դարձնել անշարժ գույքի գործակալների հետ կապը: Այս նպատակով, անհրաժեշտ է նշել, որ ծրագրավորման ինտերֆեյսը, շփումների իրականացման բանալին, գործնականում պետք է ապահովվի գրեթե յուրաքանչյուր անշարժ գույքի գործակալի կողմից, օրինակ` տվյալների փոխանակում կատարվի: Եթե ոչ, ապա դա պետք է ապահովվի տեխնիկապես:

Քանի որ արդեն կան ծրագրավորման ինտերֆեյսեր, ինչպիսիք են վերը նշված ծրագրավորման ինտերֆեյս «openimmo»-ն և այլ ծրագրավորման ինտերֆեյսեր, որոնք գործնականում հնարավորություն են ընձեռում փոխանակվել որոնողական տվյալներով պրոֆիլներով:

Այժմ անշարժ գույքի գործակալները կարող են համեմատել իրենց անշարժ գույք հանդիսացող միջնորդական օբյեկտները որոնողական տվյալներով պրոֆիլների միջոցով: Այդ իսկ պատճառով, անշարժ գույքի մասին տվյալները ներմուծվում է բրոքերական պորտալ և լրացվում գույքի հատկանիշներն ու բնութագիրը:

Արդյունքների ճշտումից ու համաձայնության գալուց հետո, վերջում, հարկավոր է վճարել որոշակի տոկոս միջնորդավճար: Գրանցվածների 50%-ը, օրինակ՝ անշարժ գույքի գործակալների որոնողական տվյալներով պրոֆիլները հասանելի են ապահովագրական ծրագրերում:

Այստեղ բոլոր նշված կետերն ունեն միավորներ (բալանոց համակարգ), այնպես որ անշարժ գույքի նշված մի առանձնահատկությունը կարող է որոշակի քանակությամբ միավորներ տալ տոկոսային հարաբերակցությամբ (համընկնման հավանականություն): Օրինակ, «Անշարժ գույքի տեսակը» դաշտը գնահատվել է ավելի բարձր, քան՝ «Բնակելի տարածք» դաշտը: Բացի այդ, կարելի է ընտրել, թե ինչ առանձնահատկություններ ունի սեփականությունը (օրինակ՝ նկուղ):

Տվյալների փոխանակման ընթացքում անհրաժեշտ է ուշադրություն դարձնել, որ ընտրված բրոքերը միայն նշված (գրանցված) տարածքից լինի: Սա նվազեցնում է անհրաժեշտ տվյալների հետ աշխատանքի ջանքերը: Մանավանդ, որ անշարժ գույքի գործակալները հաճախ գործում են հենց իրենց տարածաշրջանում: Այստեղ հարկ է նշել, որ մեր օրերում հասանելի է դարձել խոշոր քանակությամբ տվյալների պահեստավորումն ու վերամշակումը, այսպես կոչված վիրտուալ «ամպի» մեջ:

Ապահով պրոֆեսիոնալ բրոքերային ծառայություններից օգտվելու համար, պետք է ընդամենը անշարժ գույքի գործակալին որոնողական տվյալներով պրոֆիլ մուտք գործելու արտոնություն տալ:

Այդ նպատակով, շահագրգիռ կողմերը կարող են համապատասխան պայմանագիր կնքել անշարժ գույքի պորտալի օգտատիրոջ հետ:
Համապատասխան ճշգրտումից / համաձայնության գալուց հետո, անշարժ գույքի գոծակալները կարող են կապվել շահագրգիռ կողմի հետ կամ հակառակը, անշարժ գույքով հետաքրքրվող անձը կարող է կապվել անշարժ գույքի գործակալի հետ: Դա նաև նշանակում է, որ այն դեպքում, երբ անշարժ գույքի գործակալին շահագրգիռ անձի կողմից հրապարակավ անշարժ գույքի լուսանկար են ուղարկվում, անհրաժեշտ է դառնում կատարել

գործունեության հաշվետվություն և բավարարել անշարժ գույքի գործակալի պահանջները. դա է՝ վճարել միջնորդավճարը՝ փաստագրված վաճառքի կամ վարձույթի դիմաց:

Այստեղից հետևություն, որ անշարժ գույքի գործակալը հանդես է գալիս սեփականատիրոջ (վաճառող կամ վարձատու) անունից, հանդիսանում է միջնորդ կամ սեփականատիրոջ կողմից ունի գույքը տնօրինելու համապատասխան թույլտվություն:

6. Կիրառման ոլորտները

Այստեղ նկարագրված բրոքերական գործընթացը կիրառելի է բնակելի և կոմերցիոն տարածքների գնման և վարձակալման ոլորտում: Կոմերցիոն տարածքների դեպքում՝ լրացուցիչ դաշտեր լրացնելու անհրաժեշտություն չկա:

Սովորաբար, գործնականում, անշարժ գույքի գործակալը կարող է հանդես գալ շահագրգիռ անձի անունից, եթե, օրինակ, նա կատարում է դա իր հաճախորդի պատվերով:

Ավելի գլոբալ դիտարկելով․ բրոքերական պորտալը կարող է գործել գրեթե բոլոր երկրներում:

7. Առավելությունները

Այս բրոքերական ծառայությունը մեծ առավելություններ է առաջարկում բոլոր շահագրգիռ անձանց, օրինակ, եթե Դուք անշարժ գույք եք փնտրում Ձեր տարածքում (բնակավայրում) կամ գործի բերումով ցանկանում եք Ձեր սեփականությունը փոխանակել այլ քաղաքում / մարզում գտնվող մեկ այլ սեփականության հետ:
Միայն մեկ անգամ ստեղծում եք որոնողական տվյալներով պրոֆիլ և ընդմիշտ հնարավորություն ստանում Ձեր տարածաշրջանում անշարժ գույքի գործակալներից ստանալ տեղեկություններ Ձեզ համար տարբերակների վերաբերյալ:

Անշարժ գույքի գործակալի համար ձեռնտու է առաջարկել մեծ առավելություններով անշարժ գույք, քանի որ դա կազդի վաճառքի կամ վարձույթի ժամանակի խնայողության ու արդյունավետության վրա:

Դուք անմիջապես կստանաք Ձեր անշարժ գույքով պոտենցիալ հետաքրքրվողների գրաֆիկը:
Բացի այդ, անշարժ գույքի գործակալները կարող են ուղղակիորեն դիմել հատուկ ստեղծված խմբում գտնվող անձանց, որտեղ կարող են մտքերի փոխանակում կատարել կոնկրետ գույքին վերաբերող նախընտրությունների վերաբերյալ, կամ ուղիղ կապ հաստատել հաճախորդի հետ (այդ թվում `ուղարկելով անշարժ գույքի լուսանկարները):
Այսպես, հաճախորդների հետ շփման որակը բարձրանում է. այն հաճախորդների, ովքեր գիտեն, թե ինչ են փնտրում: Ընդ որում, հետագա դիտումների թվաքանակը նվազում է: Փաստորեն, անշարժ գույքի մարքեթինգային գործընթացի ժամկետը կրճատվում է:

Առաջարկվող անշարժ գույքի դիտումից հետո առք, վաճառք կամ վարձակալություն կատարել ցանկացողները գործարքն իրականացնում են ինչպես նախկինում:

8. Հաշվարկի օրինակ (պոտենցիալները) – ներառված են միայն բնակելի տարածքներ և տներ (բացառությամբ՝ վարձակալած բնակարանները և տներն ու կոմերցիոն բնույթի տարածքները)

Հետևյալ օրինակով պարզ է դառնում, թե բրոքերական պորտալն ինչ պոտենցիալներ ունի :

250,000 բնակչությամբ Մյոնխենգլադբախ քաղաքի նման տնտեսական տարածքի բնակչության թիվը ըստ վիճակագրության կազմում է 125,000 (2 բնակիչ՝ մեկ բնակարանում)։ Միջինում վերաբնակեցվողների թիվը մոտավորապես 10% է։ Այսպիսով, տարեկան վերաբնակեցվում է 12,500 մարդ։ Ներգաղթ-արտագաղթի վիճակագրական տվյալների մնացորդը, օրինակ՝ Մյոնխենգլադբախինը չի հրապարակվում։ Մոտավորապես 10,000 սեփականատերեր (80%) փնտրում են վարձու տնվորների և մոտ 2,500 սեփականատերեր (20%) փնտրում են գնորդներ։

Ըստ Մյոնխենգլադբեխ քաղաքի փորձագիտական հանձնաժողովի հողային շուկայի զեկույցի տվյալների, 2012 թվականին արձանագրվել է 2,613 անշարժ գույքի առք ու վաճառքի դեպք: Սա հաստատում է վերը նշված 2,500 գնորդների մասին տեղեկատվությունը: Այդ թիվը, ըստ էության, պետք է որ ավելի շատ լինի, քանի որ, օրինակ, ոչ բոլոր անշարժ գույք փնտրողներն են կարողացել գտնել իրենց հարմար սեփականությունը: Հաշվարկված է, որ փաստացի որոնողական տվյալներով պրոֆիլներով գնորդների թիվը կրկնակի բարձր է, քան միջին վերաբնակման տվյալները՝ մոտավորապես 10%, մասնավորապես 25,000 որոնողական տվյալներով պրոֆիլներ: Սա ենթադրում է, որ ամեն դեպքում, բրոքերական պորտալում անշարժ գույք որոնողները ստեղծել են հավելյալ պրոֆիլներ:

Հարկ է նշել, որ մինչ օրս փորձը ցույց է տվել, որ բոլոր շահագրգիռ կողմերի (գնորդներ ու վարձակալներ) մոտ կեսը արդեն գտել են իրենց սեփականությունը անշարժ գույքի գործակալի միջոցով, հետևաբար ընդհանուր առմամբ՝ 6,250 սեփականություն:

Բայց փորձը ցույց է տվել, որ բոլոր անշարժ գույքերի առնվազն 70%-ը գտնվում են ինտերնետում՝ անշարժ գույքի պորտալներում, այդպիսով, ընդհանուր 8,750 անշարժ գույք (մոտ 17,500 որոնողական տվյալներով պրոֆիլներ):

Միայն մեկ Մյոնխենգլադբախի պես քաղաքի բոլոր շահագրգիռ հաճախորդների 30%-ը, այսինքն՝ 3,750 սեփականատերեր (համարժեք է 7,500 որոնողական տվյալներով պրոֆիլների), ունեն որոնողական տվյալներով պրոֆիլներ բրոքերական պորտալներում (դիմում), տարեկան գրանցվում են 1,500 որոնողական պրոֆիլներով բրոքերներ (20%) ու գնորդներ և 6,000 հատուկ որոնողական պրոֆիլներով վարձակալներ (80%)՝ իրենց հարմար առաջարկներով:

Այսինքն, միջինում 10 ամիս որոնման ընթացքում, և մեկ ամսվա համար վճարելով օրինակ € 50 եվրո, յուրաքանչյուր պորֆիլ ունեցող արդյունքում կունենա 7,500 պոտենցիալ այցելու՝ այսինքն, մի 250,000 բնակիչներով քաղաքիտարեկան եկամուտը կլինի € 3.75 մլն եվրո:

Գերմանիայի Դաշնային Հանրապետության կլորացված 80,000,000 (80 մլն) բնակչության համար տարեկան վաճառքի պոտենցիալը կազմում է 1,200,000,000 € (€ 1.2 մլրդ) եվրո: Եթե օրինակ, բրոքերական պորտալում բոլոր շահագրգիռ անձանց 30%-ի փոխարեն 40%-ը հետաքրքրվեր Ձեր անշարժ գույքով, տարեկան վաճառքի պոտենցիալը կավելանար մինչև 1,600,000,000 € (€ 1,6 մլրդ) եվրո:

Այս պոտենցիալ հասույթը վերաբերում է միայն սեփականաշնորհված բնակարաններին և տներին: Այս հաշվարկում ներառված են բնակելի տարածքից ու վարձատվությունից ստացված եկամտի ամբողջ մասը, բայց փոխարենը ներառված չէ կոմերցիոն ոլորտից ստացված եկամուտը:

Գերմանիայում գործող շուրջ 50,000 անշարժ գույքի ոլորտում գործող ընկերությունների թվում (այդ թվում՝ շինարարական ընկերությունները, անշարժ գույքի գործակալներն ու այլ անշարժ գույքով զբաղվող ընկերությունները) կան մոտ 200,000 աշխատակիցներ, իսկ, եթե օրինակ՝ այդ 50,000 ընկերությունների 20%-ը միջինը ունենալով 2 լիցենզիա կիրառեյին բրոքերական պորտալը, արդյունքում, օրինակ՝ ամսական լիցենզիայի համար վճարելով 300 € եվրո, տարեկան կստանային € 72 մլն (€ 72 մլն) եվրո եկամուտ: Ավելին, որոնողական տվյալներով պրոֆիլներում պետք է ամրագրված լինի տարածաշրջանային դիրքը, այնպես որ այստեղ, կախված դիզայնից կարելի է ստեղծվել ևս մեկ նշանակալի պոտենցիալ՝ գեներացնելով եկամտի չափը:

Անշարժ գույքի գործակալները այս մեծ պոտենցիալը պետք է ներմուծեն շահագրգիռ կողմերի որոնողական տվյալներով պրոֆիլների տվյալների բազայի մեջ, իսկ եթե առկա է՝ միշտ թարմացնեն: Մանավանդ, որ այդ ամենից հետո, ընթացիկ որոնման պրոֆիլների և բազմաթիվ անշարժ գույքի գործակալների թիվը կաճի և այդ պրոֆիլների որոնման սանդղակը տվյալների բազայում շատ հավանական է, որ կգերազանցի:

Եթե այս ինովացիոն անշարժ գույքի գործակալության պորտալը սկսեն օգտագործել մի շարք երկրներում, օրինակ, գնորդը Գերմանիայից կարողանա որոնողական տվյալներով պրոֆիլի միջոցով տեսնել Միջերկրական կղզու Մայորկայի (Իսպանիա) հանգստյան տները և համապատասխանաբար Մայորկայի անշարժ գույքի գործակալները կարողանան էլեկտրոնային փոստի միջոցով տներ ներկայացնել իրենց գերմանացի պոտենցիալ հաճախորդներին: Եթե ուղարկված տեղեկատվությունը գրված լինի իսպաներեն լեզվով, մեր օրերում տեքստը կարելի է շատ կարճ ժամանակահատվածում ինտերնետով թարգմանչական ծրագրերի օգնությամբ թարգմանել գերմաներեն:

Որպեսզի խթանվի պարբեր լեզուներով որոնման պրոֆիլների համապատասխանեցումն ու անշարժ գույքի վաճառքը, կարելի է փոխհամաձայնության գալով՝ (մաթեմատիկական) ծրագրերի միջոցով նույնականացնել պրոֆիլները և հետագայում նշել պորտալի լեզուն:

Բրոքերական պորտալը յուրաքանչյուր մայրցամաքում կիրառելով՝ վերը նշված եկամուտը ակընհայտ կդառնա (միայն որոնողական տվյալներով հաճախորդների համար) հետևյալ շատ պարզ հաշվարկի միջոցով:

Աշխարիի բնակչությունը՝
7,500,000,000 (7,5 մլրդ) բնակիչ

1. Բնակչությունը արդյունաբերական երկրներում, հիմնականում՝ զարգացած երկրներում՝
2,000,000,000 (2.0 մլրդ) բնակիչ

2. Բնակչությունը   նորաստեղծ
   արդյունաբերական երկրներում՝
   4,000,000,000 (4.0 մլրդ) բնակիչ

3. Բնակչությունը զարգացող երկրներում՝
   1,500,000,000 (1.5 մլրդ) բնակիչ

Գերմանիայի   Դաշնային   Հանրապետության
տարեկան   եկամտի   պոտենցիալը   80   մլն
բնակիչների համար € 1,2 մլրդ եվրո է, որը
հաշվարկված է արդյունաբերական, ծագող և
զարգացող երկրների գործոնով:

1. Զարգացած երկրներում՝   1.0

2. Նորաստեղծ արդյունաբերական
   երկրներ ում՝   0.4

3. Զարգացող երկրներում՝   0.1

Այսպիսով, տարեկան վաճառքի պոտենցիալի արդյունքները հետրյալն են (€ 1,2 մլրդ եվրո x բնակչություն (արդյունաբերական, նորաստեղծ և զարգացող երկրներ) / 80 մլն բնակիչ x գործոն):

1. Արդյունաբերական
    երկրներում`   € 30.00 մլրդ եվրո

2. Նորաստեղծ զարգացող
    երկրներում`   € 24.00 մլրդ եվրո

3. Զարգացող երկրներում`   € 2.25 մլրդ եվրո

Ընդհանուրը`   **€ 56.25 միլիարդ եվրո**

9. Եզրակացություն

Այստեղ նկարագրվում են անշարժ գույք որոնողների (գնորդների) և անշարժ գույքի գործակալների համար բրոքերական պորտալում որոնողական աշխատանքների զգալի առավելությունները:

1. Հաճախորդներն իրենց որոնման գործընթացը զգալիորեն կրճատում են, քանի որ իրենց որոնման պրոֆիլները միայն մեկ անգամ են ստեղծում:

2. Անշարժ գույքի գործակալները կոնկրետ հարցումների միջոցով ընդհանուր պատկերացում են ստանում մասնակիցների (որոնման պրոֆիլ) ցանկությունների վերաբերյալ:

3. Հաճախորդները բոլոր անշարժ գույքի գործակալներից (գրեթե լիովին ավտոմատացված ընտրություն) տեղեկություն են ստանում ներկայացված անշարժ գույքերից միայն ցանկալի կամ

համապատասխան անշարժ գույքի վերաբերյալ (ըստ իրենց որոնման պրոֆիլի):

4. Անշարժ գույքի բրոքերները որոնման պրոֆիլներից անհատական տվյալներ հավաքագրելու գործում զգալի կրճատել են իրենց ջանքերը, քանի որ մի շարք ընթացիկ որոնման պրոֆիլներ մշտապես թարմացվում են:

5. Քանի որ միայն կոմերցիոն մատակարարներն / անշարժ գույքի գործակալներն են գրանցված բրոքերական պորտալում, այսպիսով, հաճախորդները գործ են ունենում միայն պրոֆեսիոնալ ու փորձառու անշարժ գույքի միջնորդների հետ:

6. Անշարժ գույքի գործակալը զգալիորեն նվազեցնում է որոնման ժամանակն ու օրերի քանակը, կրճատում է ընդհանուր առքուվաճառքի պրոցեսը: Իր հերթին, կրճատվում է նաև հաճախորդների

որոնումների ժամանակն ու գնման կամ վարձակալության պրոցեսի ժամկետը:

7. Իրենց անշարժ գույքը վաճառել և վարձով տալ ցանկացող սեփականատերը ևս խնայում են իրենց ժամանակը: Բացի այդ, անշարժ գույքն արագ գնման կամ վարձակալման դեպքում կարող են գործել զեղչեր, հետևաբար նաև կա ֆինանսական շահ:

Այս գաղափարն իրականացնելուց կամ իրագործելուց հետո, անշարժ գույքի բրոքերական ոլորտում զգալի առաջընթաց կարելի է արձանագրել:

10. Անշարժ գույքի գործակալների պորտալի ինտեգրումը անշարժ գույքի գործակալների նոր ապահովագրական ծրագրում՝ ներառյալ գույքի գնահատումը

Որպես այստեղ նկարագրված անշարժ գույքի բրոքերական պորտալի առավելությունների վերջաբան, իդեալական կլիներ ամբողջ աշխարհում անշարժ գույքի գործակալին նոր ապահովագրական ծրագրերում ներառելը: Այսինքն, անշարժ գույքի գործակալը կարող է բրոքերական պորտալի հետ համատեղ օգտագործել իր ապահովագրական ծրագիրը կամ իդեալական կլիներ՝ նոր ապահովագրական ծրագրի ինտեգրումը բրոքերական պորտալում:

Բրոքերական պորտալում այդ արդյունավետ ու ինովացիոն ապահովագրական ծրագրի ներմուծման շնորհիվ՝ հիմնավոր կետ կդրվի անշարժ գույքի բրոքերական ծրագրում, ինչը կարևոր քայլ կլինի մեծ շուկա ներթափանցելու համար:

Քանի որ, անշարժ գույքի գնահատումը անշարժ գույքի գործակալության անբաժան բաղադրիչն է հանդիսանում, ուրեմն, գույքի գնահատում գործոնը պետք է անպայման ինտեգրել անշարժ գույքի գործակալների ապահովագրական ծրագրի մեջ: Գույքի գնահատման և համապատասխան անշարժ գույքի տվյալների կամ պարամետրերի բաժին մուտք գործելու համապատասխան թույլտվություն կարելի է ստանալ անշարժ գույքի գործակալներից՝ ներմուծված կամ մաստաբային հղումների միջոցով: Անհրաժեշտության դեպքում ցանկացած բացակայող պարամետր ավելացնում է անշարժ գույքի գործակալը՝ տարածքային շուկայում ունեցած իր սեփական փորձով:

Բացի այդ, անշարժ գույքի գործակալները պետք է ունենան ծրագրերի ապահով ըմբռնման հնարավորություն. այսպես կոչված՝ ուսումնական վիրտուալ շրջայցեր անշարժ գույքի տարածքներով: Դա կարող է իրականացվել, օրինակ, պարզեցված տարբերակով. բջջային հեռախոսով և / կամ պլանշետի միջոցով՝ լրացուցիչ հավելվածի (ծրագրի) օգնությամբ, որոնք մեծամասամբ փիրտուալ շրջայցից հետո ինքնաբերաբար ինտեգրվում կամ ներմուծվում են անշարժ գույքի գործակալների ապահովագրական ծրագրերի մեջ:

Եթե արդյունավետ և ինովացիոն բրոքերական պորտալն ինտեգրվի անշարժ գույքի գործակալների ապահովագրական ծրագրի մեջ՝ ներառյալ անշարժ գույքի գնահատման գործընթացը, ուստի անշարժ գույքի վաճառքի եկամուտը հնարավոր է, որ կրկին զգալիորեն աճ արձանագրի:

Մաթիաս Ֆիդլեր Քորշենբրոյխ,

31. 10. 2016թ.

Մաթիաս Ֆիդլեր

Գերմանիան

41352 Քորշենբրոյխ

Էրիկա ֆոն Բրոքդորֆ փողոց 19 շենք

www.matthiasfiedler.net